Aus der Mitte
und vom Rand her
geschrieben

Aus der Mitte und vom Rand her geschrieben

Jokers Lyrik-Preis 2008
Die besten Gedichte

Jokers restseller

© an der Gedichtezusammenstellung
by Jokers in der Verlagsgruppe Weltbild GmbH, Augsburg 2008
In Zusammenarbeit mit Autorenhaus Verlag, Die Berliner Literaturkritik,
BoD, hoerothek.de, literaturcafe.de und Uschtrin Verlag
Die Rechte an den Einzelbeiträgen liegen bei den Autoren.
Die Schreibweise der Gedichte ist von den Autoren vorgegeben.
Redaktion: Dr. Christiane Schlüter, Augsburg
Cover: Marc Steurer und Tim Miller, Augsburg
Innengestaltung: Lydia Kühn
Gesamtherstellung und Verlag: Books on Demand GmbH, Norderstedt
ISBN: 978-3-8334-7638-9

Vorwort

Vermutlich sind wenige Dinge so sehr eine Herzensangelegenheit wie das Dichten. Das spürte die Jury des Jokers Lyrik-Preises auch im Jahr 2008 bei der Sichtung der eingereichten Texte. Durch die Worte aller Autoren klang Erlebtes, Erinnertes und Phantasiertes, man meinte beim Lesen manchmal ein Lächeln, ein Schmunzeln, ein herzhaftes Lachen – und auch die ein oder andere Träne zu sehen, die den jeweiligen Schreibprozess vielleicht begleitet hatte. Umso größer war die Herausforderung, unter den etwa 7.500 Einsendungen eine angemessene Auswahl zu treffen. Die elf Juroren und Jurorinnen standen mehr als einmal vor schwierigen Entscheidungen.

Eine erste Hürde hatten die Autoren und Autorinnen schon geschafft, wenn ihre Einsendung in die Jokers Gedichte-Datenbank aufgenommen wurde. Aus dem Kreis jener Texte wurden dann die hundert Gedichte ausgewählt, die in dieser Anthologie versammelt sind. Und unter diesen hundert fanden sich die Sieger, die wie ihre Vorgänger auf der Internetseite www.jokers.de/lyrikpreis zu lesen sind. Dabei hätten noch viele andere Texte ausgezeichnet und viele weitere in diesem Band abgedruckt werden können! Je enger die Auswahl wurde, desto schwieriger gestaltete sie sich.

„Aus der Mitte und vom Rand her geschrieben": Der Titel dieser Anthologie greift die Vielfalt der Perspektiven auf, aus denen heraus die Gedichte entstanden sind, persönlich und gesellschaftlich. Wo steht jemand, der über die Liebe schreibt? Erlebt er soeben die ganze Fülle eines solchen Glücks oder blickt er auf sie zurück, so dass zu der Fülle die Erfahrung des Verlustes hinzukommt? Vom zärtlich-heiteren Wunsch, für die Geliebte das Badeentchen zu sein, bis zum wehmütigen Rückblick auf die verstorbene Lebenspartnerin reicht hier die Spanne. Und die dankbare Erinnerung an die eigene Großmutter steht neben den Zitaten aus dem Kopf von einem, der niemanden mehr erkennt, weil seine Gedanken von der Demenz durcheinandergeschüttelt werden. Viele Gedichte haben gezeigt: Das Alter rückt thematisch in den Vordergrund – der Rand des Lebens erobert die Mitte.

Und merkwürdig: Selten wurden bei einem Jokers Lyrik-Preis so extreme Perspektiven eingenommen wie diesmal. Hinter den Mond führt ein Gedicht, an den Rand des Kosmos ein anderes. Eines erzählt von den Lauten, die am Grund der Welt hörbar werden, und wieder andere schwärmen von der Schönheit der absoluten Stille, wenn nicht einmal mehr die Natur antwortet. Ohnehin ist Worten nicht mehr zu trauen, nicht nur, was die Volkslieder und ihre uneingelösten Versprechen betrifft. Die Sprache macht sich selbstständig, sie läuft aus dem Ruder, wird unkontrollierbar und treibt den Dichter zu einer komischen, oft selbstironischen Verzweiflung.

Auch die Natur hat ihre Idylle oft verloren. Neben den frühlingshaften Garten tritt die Industriebrache, auf der sich zäh eine eigene Art von Vegetation hält. Und immer größer werden die gesellschaftlichen Brachen, auf denen Menschen um einen Rest ihrer Würde kämpfen und darum, nicht über den Rand zu fallen, ins Nichts, in die Depression. Kein Zweifel: Der Jokers Lyrik-Preis 2008 spiegelt soziale Veränderungen wider!

Traurig? Düster? Die Tatsachen ja. Aber dass die Poesie die richtigen Worte dafür bereithält, ist gut. So schärft sie unsere Wahrnehmung und lenkt den Blick auf das, woran wir sonst gern vorbeisehen würden. Und ganz nebenbei hält sie unerwartete Geschenke bereit – dann kann aus einer ausgetretenen Treppenstufe plötzlich eine Meeresbucht werden, in der sich Sonnenlicht sammelt. Und schon hat sich am Rand wieder eine Mitte aufgetan.

Dr. Christiane Schlüter
Koordination Jokers Lyrik-Preis

Inhalt

Serra Sand
Metropoly

Steine, Steigen, Stufen, Schritte
Tauben, Trassen, Treppen, Tritte
eingestiegen, ausgestiegen
freu Dich an den schnellen Zügen
Ziehen, Zögern und Begehren
Greifen, Hoffen und Betören
Tunnel, Taumel, Tramstation
Massen, Morgen, Marathon
diese Straße da ist Dein
setze Deinen nächsten Stein
dieses hohe Häusermeer
zwischen Nah- und Fernverkehr
Dir gehört es – nimm Dein Glück
Zahlen, Zeichen, Zug, Geschick
Zufall führt Dich als Begleiter
neben Fatum feurig weiter
rausche die Chausseen entlang
vorwärts, sitz nicht auf der Bank
breche in das Spielfeld ein
Stadtgeflüster, Pflasterstein

Gassen, Straßen und Alleen
zügig, Setzen, Aufstehn, Gehn
Westkreuz, Ostkreuz, umgestiegen
Zug auf Zug herüberfliegen
alles hier kann Deines sein
Abflussrohr und Lampenschein
Opernhäuser, blinde Fenster
Schloss und Maschendrahtgespenster
Pfauen, Linden, Inseln, Spree
Hundescheiße, Badesee
Stadtluft kann Dein Atem werden
alles hier kann Dir gehören
lauf, besitz, besetze, spiele
wirf, entwerfe Deine Ziele
friss die Stadt, trink ihren Dunst
kau die Rohkost ihrer Kunst
verweil nicht, weil es Schönheit ist
die auf müden Treppen sitzt
überhol den Augenblick
oder geh auf Start zurück.

Lydia Daher
nichts weiter

such uns ein versteck unter sternen
moos und polster stauden
irgendwo im sicheren
seitenflügel eines schattens
oder eines tons
schrieb ich dir heimlich
ringsherum auf deinen unterarm
darüber noch die bitte
diese nachricht erst zuhause lesen
kurz vor der lavendeldusche
bei anbruch der müdigkeit
es nur war einer dieser
nachtleuchtenden wünsche
die aus einer wolke ins fenster fallen
ein taumelnder gedanke
den man einzufangen und festzuhalten
versucht auf papier
oder auf einem freien stückchen haut eben
das neben einem liegt und schwitzt
während man sich mutig
genug fühlt für den moment
und nichts weiter
keine botschaft die auf bestand pocht
sondern auf dir
auf einem stückchen haut von dir
für ein paar stunden
bevor sie verschwimmt
und abtaucht
bei anbruch der müdigkeit
in der lavendeldusche
sonstwann oder sonstwo

Lisa Mürl
arbeitslos

an manchen morgen
nach dem aufwachen
in der kalten küche
schon weinen wollen

mit erhöhter magensäure
aus der dunkelheit
in eine neonlichtleere
bäckerei eintreten

das kleingeld einsortieren
unter dem blick
der verkäuferin
hinter der theke

die brötchentüte im arm
auf der straße
vor menschen mit aktentaschen
schuldig werden

zur seite schaun
hilft nicht

Christian Fleischhauer

Der Ode Not oder Der Dichterlehrling

Hat der alte Versverdreher
Sich doch einmal wegbegeben
Und nun sollen seine Worte
Auch nach meinem Willen leben.
Seine Reim' und Verse
Merkt ich im Gebrauch
Und mit flinkem Griffel
Schreib ich Lyrik auch.

Dichte, dichte
Manche Zeile,
Dass mit Eile
Worte fließen
Und in reichem, vollem Schwalle
In die Kladde sich ergießen.

So, nun komm mein alter Füller,
Frisch gefüllt mit lila Tinte,
Dieses Werk, das wird mein Knüller:
„Ode an die Hyazinthe".
Auf den Metren stehe,
Trochäus, Anapäst!
Reime dich! Ich sehe
Mich schon beim Dichterfest.

Dichte, dichte
Manche Zeile,
Dass mit Eile
Worte fließen
Und in reichem, vollem Schwalle
In die Kladde sich ergießen.

Seht, nun quellen tausend Reime,
Wahrlich, bin jetzt schön im Flusse,
Schreib in Blitzeseile feine
Jamben und auch Daktylusse.
Ach, mir kommen Zweifel:
Was mir da entquillt,
Seite schon um Seite
Mit schiefen Reimen füllt.

Warte, warte,
Denn wir wollen
Diese ollen
Versgetüme
Uns besehen. Die aparte
Ode wird zu ungestüme!

Ach, die Ode, fein gesponnen,
Läuft mir gänzlich aus dem Ruder,
Hätte ich's doch nicht begonnen,
Dieses dumme Oden-Luder!
Hundert schlechte Reime
Stürzen auf mich ein!
Brauchbar find ich keine,
Sagt, wie kann das sein.

Nein, nicht länger
Will ich dichten,
Will's vernichten.
Das ist Tücke!
Ach, der Mist wird immer länger,
Welch ein Unsinn, welche Krücke.

Oh du Ausgeburt des Schwachsinns,
Willst du mein Gehirn verkleben,
Dumpf starr' ich auf diesen Blödsinn, –
Und ich wollt' nach Lorbeer streben.
Reime, die nicht passen,
War ich's, der dies schrieb?
Ich kann es nicht fassen,
Was mich dazu trieb.

Tilg am Ende
Alle Strophen,
All die doofen
Bis auf eine.
Streich die Seiten nun behände;
Von den Strophen taugt doch keine.

Ach, das Grauen hat Methode,
Vers um Vers ist schlecht geknüttelt,
Welch ein Zerrbild einer Ode.
Wie mich nun der Abscheu schüttelt.
Wahrlich, brav gestrichen!
Qual ist nun vorbei!
Und nun kann ich hoffen,
Und ich atme frei!

Wehe! Wehe!
Insgeheime
Neue Reime,
Hundert schlechte
Auf den Seiten meiner Kladde,
Helft mir, ach, ihr hohen Mächte!

Nein, es schwillt das Überbleibsel,
Verse, die nach Beifall heischen,
Welch entsetzliches Geschreibsel!
Herr und Meister, hör mich kreischen! –
Ach, da kommt der Meister,
Herr, die Not ist groß,
Die ich schuf, die Ode,
Lässt mich nun nicht los.

„In den Abfall,
Ode, Ode,
Denn die Mode
Fordert heute,
Dass man nur die Zeile breche,
Freie Verse für die Leute."

Hartmut Lux
Die alte Treppe

Auf einer alten
Treppe den
Fuß

in die rund-
gelaufenen
Stufen
stellen. Ganz gleich,
was die Menschen
bewegte, Leben
grub sich
ein, Suchen
und Finden und
Müdesein

In die Muldungen, meerhaft
drängt sich das Licht
wie in ab-
gelegene Buchten

Rolf Menrath
Auf eBay

Ich versteiger' hier mein Leben,
nur ein Euro Startgebot;
kann es mir nicht länger leisten,
esse täglich trocken Brot.

Sicher fragst du, lieber Bieter:
Und was soll ich mit dem Mann?
Folgend will ich kurz beschreiben,
was man mit mir machen kann:

Setz mich ein als Lampenständer,
Stütze für den Gartenzaun,
lebendes Ersatzgeländer,
für die Kinder auch als Clown.

Garantie wird nicht gegeben.
Auf dem Photo, das bin ich.
Zwar gebraucht, doch gut erhalten.
Die Gebühren gehn auf mich.

Anne Kuschnik
Arkadischer Tod

Gewiegt im weiten Sommerschoß
liegen blasse Knochen bloß,
sind, Losen gleich, aus Adlerkrallen
auf ein grünes Tuch gefallen.

Durchs Spalier der Rippenknochen
sind Efeu, wilder Wein gekrochen.
Im hohlen Hause der Gedanken
züngeln Heckenrosenranken,
umspinnen sanft die Wirbelkette,
knoten Akelei und Klette
in ein buntes Festgewand.

Über heißes Hügelland
tanzen Tag und Nacht dahin,
weben schon seit Anbeginn
die, die aus dem Leben fallen,
Hülsen, Körper von uns allen
in das große Netz zurück.
Dies ist Leben, Fülle, Glück.

Renate Wichers
Frag doch

Wer hat die weißen Stiefel
Genommen, wer grub ein
Blutendes Loch ins Bett und
Wo ist mein tanzendes Kleid
Versteckt?

Die Vögel in Schwärmen
Umkreisen mein Herz, sie
Zwitschern, kreischen und
Singen. Wir waren es nicht!
Wir waren es nicht! Frag doch
Die flackernden Wolken.

Undine Materni
rundes gedicht

es ist jetzt nicht so wie du
denkst es ist nicht so dass ich schon
wüsste was in dem gedicht passiert weil
das kann niemand wissen es kann so viel
dazwischen kommen eine katze zum beispiel
na siehst du plötzlich ist eine katze im gedicht
oder der schöne postbote klingelt und wirft auf diese
unnachahmliche weise das haar aus seinem gesicht und
ich kann nur ganz langsam auf diesem elektronischen ding
unterschreiben und mein name geistert im universum herum
während dieser postbote ganz langsam die treppen
hinunterläuft nicht ohne seinen perfekten hintern zu schwenken
und währenddessen könnte ja wieder eine taube
durchs große fenster reingeflogen sein und anmaßend mit den
flügeln gegen den balken schlagen und ich müsste erst mal
die taube wieder aus dem gedicht nehmen weil ja
patrick süskind schon alles gültige über tauben in geschlossenen
räumen gesagt hat und es wirklich nicht
einfach ist tauben aus gedichten zu nehmen weil
tauben sich bekanntlich sehr gern in gedichten
aufhalten und sich gern mit weißer farbe tarnen und
so tun als wären sie schön es ist
nicht so wie du denkst harlekin wenn colombina
zur feder greift ist sie nicht immer schon wach und es könnte
durchaus sein dass sie schon den grund der kaffeedose
gesehen hat und das glaube mir ist wirklich
kein schöner anblick und es könnte sein dass eines der
telefone klingelt und der fremde freund aus polen oder alaska sein
kommen ankündigt und ich mich nicht zu erinnern vermag womit
er sich dieses recht erworben hat hier noch vor dem aufwachen
anzurufen mit all dieser fröhlichkeit die ins ohr fließt wie cidre oder
zitronenlimonade es ist nicht so wie du denkst
harlekin dass colombina um diese zeit etwas nützliches tut
außer mit den augen zu zwinkern und nun lässt sie
doch die taube im gedicht die sich breit macht und
den kopf unter den flügel steckt um zu schlafen

Manuel Deinert
Dein Quietscheentchen

Ich wäre gern dein Quietscheentchen,
und sei es nur für ein Momentchen.
Ein Königreich für diesen Traum!
Nicht bloß vom Badewannenrändchen
verfolgte ich dein nasses Händchen,
wie's spielte mit dem Seifenschaum.

Ich wär' dein Wasserassistentchen,
ein Arme-, Bein- und Brustagentchen,
mein Schnabel spräche Dinge aus!
Er machte dir viel Komplimentchen
und sänge dir ein Wonneständchen
mit buntem Seifenblasenstrauß!

Ich wär' ein nackte-Haut-Studentchen,
betrachtete die Argumentchen
von allen Seiten, Stück für Stück.
Und nähme auch das Bad ein Endchen,
ich hätte doch ein kleines Quäntchen
gefunden von dem großen Glück.

Holdger Platta
Ländliches Karussell

Die Kneipe ein Kartenschlagen, und die Bauern zählen
die Kartoffeln in ihrem Kopf, dieser Sommer war schlecht.

Draußen am Nachthimmel klettert bereits der scharfe Mond
den Birnbaum hinauf, dies ahnungslos' Kind, auf den Hecken
reiten Hexen düster am Pfarrhaus vorüber, und in den Kastanien
vorm Wirtshaus ruht sich die Stille vom Nachmittag aus.
Zwei Besoffene brüllen den Mann hinter dem Schanktisch an,

als ob sonst die Welt unterginge: „Noch zwei Helle, Paul!"
Und draußen ist alles, was unterwegs ist, Katze oder Beutetier.
Irgendwo hinter einem mattleuchtenden Fenster legt eine ältere Dame
ihre letzte Patience, „Big Brother" im ausgeschalteten Fernsehen, und
am anderen Ende des Dorfs, hinter einem unordentlichen

Gartengewirr, sucht ein zarter Poet nach den ersten Worten
für ein Gedicht, mit dem Papier vor den Augen, als sähe man
darauf weit hinaus in die Tiefe des Weltalles, und die Lampe
schimmert dabei wie der Große Wagen über seinem Kopf,
wie Schatzinsel, Katzenschnurren und Rum:

Die Kneipe ein Kartenschlagen, und die Bauern zählen
die Kartoffeln in ihrem Kopf, dieser Sommer war schlecht.

Klaus-Peter Hirthe
Depression

Wenn die schwarzen Adler kreisen
Seh ich hoch ins Firmament
Summe alte Seemannsweisen
Keiner weiß wieso mein Kind

Fallen schwere Nebel nieder
Bin ich einfach unsichtbar
Lauf durch Straßen immer wieder
Bis der Morgen graut sogar

Treib die dunklen Wolken weiter
Treib sie fort nur fort von hier
Denn sie wollen dich nur küssen
Wollen nur ein Stück von dir

Wenn die grauen Wölfe heulen
Leg ich falsche Fährten aus
Pflanze Rosen mit viel Dornen
Um mein ungesichert Haus

Treib die dunklen Wolken weiter
Treib sie fort nur fort von hier
Denn sie wollen dich nur küssen
Wollen nur ein Stück von dir

Holger Harnack
Neubauwohnung

Da wird kein Mensch des Lebens froh,
der Meier rechts hört Radio,
der Schulze oben hört nur Platten,
die auch schon bess're Zeiten hatten.

Da wird kein Mensch des Lebens froh,
der Müller links singt auf dem Klo,
von unten tönt es knack, knack, knack ...
Herr Weber isst sein Schiffszwieback.

Da wird kein Mensch des Lebens froh,
Der Hauswart hört nun Stereo,
sein Sohn, der Udo, hackt im Keller
das Feuerholz dann umso schneller.

Da wird kein Mensch des Lebens froh,
doch nun, nun mach ich's ebenso,
ich öffne zischend mir ein Bier
und knister mit dem Klopapier.

Stefan Pfob
Neulich im Dom

Bachkantaten bluten Tauben,
Tränen fallen ins Gestühl;
hinter Lidern, die verstauben,
kniet in Dornen Mitgefühl.

Bleiglasputten flattern munter
neben warmen Scheitellichtern
und der Knabenchor darunter
friert mit seligen Gesichtern.

Als am Kreuz des Himmelsbringers
still ein Herze macht sich rein,
stimmt ins Klagelied des Jüngers
hell und klar ein Handy ein.

Unerlöst und ohne Liebe
rügt sich da ein Atheist,
dass er – ach, und immer wieder! –
die Alarmfunktion vergisst.

Hartwig Stein
Der neue Leviathan

Im Tierkreis wurde neu gewählt,
danach die Stimmung ausgezählt
und dann ein Schrei im ganzen Land:
Gewonnen hat – der Elefant!

Ja, ist denn das die Möglichkeit?
Wer wählte diese Obrigkeit?
Ein Monstrum, das, selbst wenn es schweigt,
der ganzen Welt die Zähne zeigt?

Das Walross sprach: Das tu ich auch!
Ich schätze diesen schönen Brauch.
So wird in Schnee und Eis regiert,
da hab ich gleich für ihn votiert.

Der Eisbär brummte selbstgerecht:
Ergebnis gut, Begründung schlecht!
Wer herrscht, braucht konstitutionell
zuallererst ein dickes Fell.

Die Schlange zischte atonal:
Der Schwanz, der Rüssel – kongenial!
Die Mitte hab ich nicht durchschaut;
es sei denn, dass er grad verdaut.

Der Esel röhrte guttural:
Der Rüssel scheint mir abnormal;
doch seine Ohren, groß und grau,
beweisen uns: Das Tier ist schlau!

Die Fliege lächelte gequält:
Ich hatte bisher Pferd gewählt;
doch als ich seine Äpfel sah,
da wusst ich nicht, wie mir geschah ...

Die Mücke summte wortgewandt:
Wir sind mit ihm ja eng verwandt,
weil jeder, wenn er aufgebracht,
aus Mücken Elefanten macht.

Das Huhn kam gackernd angehüpft:
Ich wählte ihn, denn uns verknüpft
ein altbewährter Tatbestand:
Wir baden beide gern im Sand.

Der Singschwan schmetterte publik:
Uns zwei verbindet die Musik;
er war von Anfang an mein Mann,
weil er so schön trompeten kann.

Der Walfisch prustete vergnügt:
Der Kerl kann tauchen, das genügt.
Auch wenn er dabei schnorcheln muss,
der Anblick war ein Hochgenuss!

Der Steinbock polterte verstimmt:
Ich weiß nicht einmal, ob er schwimmt;
doch das ist wirklich rühmenswert:
Er hat die Alpen überquert.

Der Falke schrie, mobilgemacht:
Er ist ein Turm in jeder Schlacht,
und da er auch noch Köpfchen hat,
setzt er fast jeden König matt.

Die Taube replizierte schlicht:
Er hat natürliches Gewicht
und legt Konflikte spannungsfrei
in Elefantenrunden bei.

So ging es fort, von Aal bis Zeck
vergab man einen Blankoscheck,
da selbst der Spatzenhirnverstand
sich in dem Monstrum wiederfand.

Allein der Löwe sprach voll Hohn
von selektiver Projektion,
die selbstverliebt und teilfixiert
das Ganze aus dem Blick verliert.

Joachim Rogginer
Hochmoor

Der Sommer des Hochmoors
Umglüht dich mit Düften
Von Sumpfporst und Moder,
Und erdige Brisen
Bewegen die Seggen,
Umschmeicheln dein Haar.
Die färbigen Jungfern
Verwirren, wie immer.
In göttlichem Gleichmut
Schlagen sie Rad.
Von Farnen geborgen,
Auf Bülten sich bettend,
In Schlenken sich schwemmend,
Wohnt einsam der Moorbold.
Ruht träge des Tages
Im Anmoor, zählt müßig
Die Latschen und flicht einen
Bart sich aus Wollgras.
Mit kindlicher Freude
Verstört er die Frösche
Und wirft den Gefräßigen
Blätter vors Maul.
Des Abends ergreift ihn
Der Schmerz des Alleinseins,
Dann sucht er mit Rauschbeer'n
Die Schwermut zu scheuchen,
Schwankt stöhnend umher auf dem
Schwingenden Rasen
Und blitzet aus phosphornen
Augen dich an.
Noch säuselt das Lied
Der erschlag'nen Gespielin
Durchs Riedgras. – Die elenden
Stecher im Torf!

Stefan Enke
Stadtabenteuer

Auf Gitarrenklangwellen
Besegeln Nebelschiffe
Die Straßengewässer

Einige Misstöne Gischt
Spritzen mir ins Gesicht

An Häuserinseln locken
Rote Neonpalmen zu
Billigen Reklameständen

Das Sonnenstudio geht
Hinter Abgaswolken auf

Rene Hamann
was leute tun

ein fenster öffnet sich. eine moderne musik schallt heraus.
ein schneller anruf, langgezogene gardinen.
was leute tun, wenn sie allein sind.
sie beziehen ein zimmer in der hölle, die verschwindet
wenn jemand kommt und sich berühren lässt
eine musik auf leisen sohlen. speisekammer, kon
densate. ein leeres sprechen in der küche, zwei
nichtrauchende auf weißen sesseln, es tut mir leid
die stühle sind nicht vorgewärmt. ein zimmer
in der hölle, ohne wände, aber mit endlosem wald.
die deckenverzierungen und der kachelofen
die dielen auf dem fußboden sacken ins feuer ...
bis sich ein fenster öffnet und eine musik herausschallt.
ein schneller anruf, langgezogene gardinen.
was leute tun, wenn sie allein sind.

Mark Henckel
mein kosedings

mein augentrost
mein leuchtestern
mein rettungsfloß
mein drückegern

mein blumenwies
mein liebeslohn
mein freudegieß
mein sonnenstrom

mein nacktgebet
mein sahneklecks
mein streichelbeet
mein zauberhex

mein schnuppelschnack
mein pommelpu
mein zuckerzack
mein schmusedu

mein daunenschnee
mein sonnenfleck
mein sommerklee
mein kuscheldeck

mein gugelhupf
mein morgentau
mein lausezupf
mein herzeklau

mein popoklaps
mein strahlegrins
mein honigraps
dein wunderprinz

Andrea Bayer
Liegende Acht

Liegende Acht

Schleife gemacht

Erinnerungen in Papier
gehüllt

Sehnsüchte festgeklebt
mit Streifen aus
transparenter Hoffnung

Mit zitternden Fingern
Wünsche in rote Bänder
geknotet
festgezurrt
und weggeschenkt

Liegende Acht
Liebe entfacht

Elisabeth Autenrieth
Über das Volkslied

kein Müller wandert mehr aus lust,
kein Wandersmann will sich auf fahrt begeben,
kein Bauer spannt rösslein ein,
keine Mutter hat vier kinder,
kein Hänschen geht allein in die welt,
kein Jäger schießt das wild daher,
kein Fuchs stiehlt eine gans,
kein Lenz will grüßen,
kein Tiroler ist lustig,
kein Häschen ist in der Grube,
kein Männlein steht im Walde,
kein Brüderchen tanzt,
keine Katze steht im Schnee,
kein Kuckuck ruft aus dem Wald,
kein Vogel will Hochzeit machen,
kein Frühling sich einstellen,
kein Kindchen will schlafen,
kein Gott irgendeine Gunst erweisen,

keine Gedanken sind frei?

Christina Gier
immer hier bleiben

weitschweifender leichter wind
ist angenehm auf hitziger haut
glückliches schwereloses bein
versinkt in weichem bett
strahlendes stilles lächeln
spricht aus geschlossenem auge
erschöpfter losgelöster mund
schmeckt eine einladung zum bleiben

Andrea Heuser
Aurora

nur einmal ist das
ganz und gar sommersein
als bienengesumse um tische mit
kuchen, limo und beine mit anlauf
und platsch in den see
vom grund her die süße ziehen
aus jedem nutellaglasmorgen
der tag ein großer, grüner dino
kickt all die kleinen steine, die büchsen
auch schrammen weg und bauchweh
wissen wo die zahnfee schläft
beim teller milch dicht unterm bett
bis auch dort licht hinfällt
auf einmal ist sie fort

Kerstin Leppert
kleine fluchten

müde blinzelt der monitor mir zu
bevor er seine bildschirmschoneraugen schließt
alle worte die ich heute schrieb
quälen sich durch seine
kabellosen gedärme
verursachen schluckauf
und systemabstürze
er bewegt sie in seinem rechnerherz
dual core inside
wiegt sie mit datenmengen auf
und befindet sie für zu leicht
so entkomme ich dem spamfilter
und verschicke mich per email
an mein zweites leben
das auf einem weißsandigen südseeatoll
gerade ohne mich stattfindet

Sonja Kemnitz
Russisches Holzhaus

Da biegen Häuser sich
und überleben Zeit,
so lächelnd erdentreu,
bewahren Leid,
als feinen Staub
in Runzeln Ewigkeit
als Silberhaar
gelegt so unscheinbar
wie feine Bänder um
so dunkle Augenränder.

Man neigt sich
vor der Schwelle.
Fast so als fürchte
sich die helle
Birke flüstert sie
der Tanne dunkel
warm den Armenton
von banger Tapferkeit.
Nur ein Ofen
macht sich breit.

Hier birgt sich Gott
in Heiterkeit,
wird endlich wieder
leicht und weit.

Ute Olk
In dieser Zeit

In dieser Zeit
der wilden Winde
der Blätter
die die Erde küssen
der Wolken
die gehetzt sich necken
der Zweige
die bestürzt sich beugen

da küsst mein Sofa
dieser Freund
ganz zärtlich meine Lenden
und saugt mich auf
ins Blumenmuster
ich träum mich weg
auf ihm

Nicole Grom
Zum Grunde

Ach heut' kann ich wieder bis zum Grunde hören

Wie ist die Welt so laut und still zugleich schon auf dem Weg zum Park

Küsse ich Amseln ich darf das und küss' ich Blumen meine Paarigen

Seh in schwarze Augen grüne Adern es hebt schon an ganz sacht ich

Seh in Tümpel seh in Weiher kleine Feengläser und ich höre schwere Leiber

Uralter Fische am Grunde streifen sie scharren und schnurren im nassen Gegürt

Antworten Libellen mit lichtem Geklirr was vor den Unkenrufen war enthebt sich

Liebkost die sonnenzerschnittene Schale der Buche die ächzend wölbt

Sich vom Versprechen des Wuchses kündet auch der Klang des Grases schlägt

Die Zimbeln hoch und hell wie ein Zigeuner wiegt die Rispe im Gekling die Traube

Werden lauter schwellen füg ich mich darein oder horche wie sie sieden

Verströmen in singenden Kaskaden ätherwärts und konzertieren walzieren

Im Walde die Pilze die Beeren im Schlage sie schlagen den Takt

In sonnengetrommelte Punkte an bläulichem Laub zerstieben ferne Katzenzungen

Hohe Kraniche träumen von Ägypten. Im Nachen kommt der Hohepriester

Zerteilt vielfarbige Ströme landet wo Sand sich zerreibt unter wartenden Füßen

Seit Jahrtausenden berührt meine Ohren nein füg' ich mich oder soll ich: ach:

ich

Psssst ...

Gerd Konrad
Der Grünfink

Grünfink flattert über Zäune,
landet auf dem Dach der Scheune.

Sieht die Schafe Hühner melken,
Hunde weiden in den Nelken.

Ochsen schlotzen Milch durch Halme,
Pferde schaukeln in der Palme.

Hasen häkeln Hühnermieder,
Schweine singen Kinderlieder.

Rinder spielen auf den Stiegen,
Karpfen grätschen über Ziegen.

Tauben tauchen ab im Bach,
Grünfink fällt rücklings vom Dach.

Ernst Stössel
Ich bin aus dem Land

Ich bin aus dem Land
der Dinker und Dechter.
Bin also ein echter
Dechter und Dinker.
Ja – auch ein Trinker!
Denn nur beim Trinken
kann ich dechten und dinken!

Hilde Hack
Jahreszeiten der Worte

Das Frühjahr dichtet Lockersprüche
frisch duftend warten Lenzgerüche
dass Krokusworte frisch gereimt
als Frühlingsvers ins Laue schießen
spritzig die Grünverliebten grüßen
auf dass die Frischwortsaat reich keimt.

Sommer als träge Wortezeit
schreibt seine Satzgefüge breit
in Prosaschattenlauben
die Vers-Condition kühlt manch Reim
und Limericks dichten sich heim
eh Zeilen hier verstauben.

Der Herbst schreibt gerne eisig feucht
wortfrostig was noch lieblich fleucht
in Dunkelsätzen nieder
Kaltredend hat er sie gereimt
und stürmisch Kratzsätze vereint
zu grauen Trübsinnliedern.

Ganz wortkarg schneit der Winter
fast Weihnachten beginnt er
so manches kalte Lied
als schneeversteckte Worte
in versvereiste Orte
polar Gereimtes flieht.

Lothar Walther
März

Sein Blick durchdringt die kondensierten Scheiben
und sucht in der durchfrorenen Natur,
unter dem dunklen Grün der alten Eiben,
nach einer ersten Frühlingsspur.

Dort, wo der Schnee bereits verschwunden,
hebt bald der erste Blütenhut die Erde an
und bunte Blumen heilen alle Winterwunden.
Nur wann, nur wann?

Er muss an ihr Oktoberlachen denken,
an ihren Blick, der ihn so oft betört;
er flehte laut, ihr noch ein Jahr zu schenken,
doch Gott hat ihn wohl nicht gehört.

Sie starb in jenem Herbst im letzten Jahr.
Er wollt den Winter nicht allein ertragen;
aber er überlebte offenbar
die vielen dunklen, kalten Tage.

Jetzt sitzt er hier allein und alt im Zimmer,
verbringt die Zeit mit Schlafen und mit Warten,
geduldig schaut er und er hofft wie immer
auf Lebenszeichen aus dem starren Garten.

Kristina Klinge
Großer Bruder

Ein Foto auf dem Kamin, nicht mehr
Hatten sie noch von ihm, aber er
Hätte Jura studiert, eine Frau, die ein Kind stillt,
Nicht wie ich, doch ich lebte,
Und von mir gab es kein Bild.

Astrid Helble
haiku

gefällte stämme
an der sägwunde splitter
spänernen herzens

Eberhard Haar
Geldkulturerbe

Reißt den alten Krempel nieder,
macht die Handwerkshöfe platt!
Singt Renditen Jubellieder,
werdet selbst zum Nimmersatt!

Ruiniert die Kleinstrukturen,
schafft den Einzelhandel ab!
Zieht mit Baggern durch die Fluren,
grabt der Weltkultur ein Grab!

Schlagt durch stille Ecken Schneisen,
bringt Radau, wo Stille war!
Lasst die Gestrigen vergreisen,
macht Profit zum neuen Star!

Baut gesichtslose Fassaden,
ignoriert die klassisch Form!
Hüllt Euch ein in Abgasschwaden,
pfeift auf die Gesundheitsnorm!

Setzt beherzt Mobilfunkmasten,
gebt der Strahlung freien Raum!
Umverteilt soziale Lasten,
fällt auch noch den letzten Baum!

Betoniert die grünen Lungen,
zieht moderne Silos hoch!
Seid vom Dax-Index umschlungen,
preist den Aktien-Moloch!

Schafft durch Filz euch Positionen,
spuckt dem Anstand ins Gesicht!
Lasst den neuen Menschen klonen,
seid auf Korruption erpicht!

Stürzt die Schwachen ins Verderben,
mehrt den Managern den Lohn!
Haut Vergangnes forsch in Scherben,
setzt das Know-how auf den Thron!

Sind das alles Angstvisionen,
ist dies nur ein Endzeittraum?
Wird davon man uns verschonen?
Ach mein Gott, ich glaub' es kaum!

Marion Betz
Im Dorf

Abendnebel
Über Weinberge strömt
Die Straßen so leer
Pfützen gaslichtgelb bestrahlt

Getreideberge in alten Scheunen
Im Stall das Vieh
Wiedergekäuter Friede
Wiesenentbehrung in Sippenhaft

In den Häusern
Oben: Schlafende Kinder
Unten: Blaues Geflimmer
Hunde johlen zum Fußballtor

Frauen vor dem Spiegel
Zupfen Liebhaberlocken in Stirnen
Bevor sie
Zu einer Freundin gehen

Gitta Lemke
Der Klatschmohn

Der Klatschmohn klatscht ganz leise
betört von dieser Weise
stimmt's Glockenblümchen ein

Die Glockenblume schengelt
der Klatschmohn aber quengelt
klatscht er doch gern allein

Drum klatscht er immer lauter
in seine Blätter haut er
die Glockenblume lässt's nicht sein

Sie klingelt und sie dröhnt
der Klatschmohn unversöhnt
schlägt weiter auf sich ein

Die Glocke kriegt Migräne
beim Mohn fliegen die Späne
jetzt gehen beide ein

Hans Piper
Ahnung

Ich wage mein Leben als großen Kreis
Und suche die Mitte, von der ich nichts weiß.
Ich taste mich zögernd am Rand entlang,
Erahne mitunter den hellen Schein ...
Doch greif ich nach ihm, dann entzieht er sich mir:
Ist es mein Schicksal, Tangente zu sein?

Birgit Schütz
Zusammenspiel

Im kühlen Schatten dämmert moosbehangen
ein Felsenbrunnen vor sich hin und träumt.
Ein Rinnsal plätschert und das Wasser schäumt
ganz leicht und selbstvergessen, wie vergangen.

Ein Windstoß zaust die Bäume unbefangen,
wobei die Sonne durch die Wolken bricht.
Sie übergießt verschwenderisch mit Licht
den Wald, hält Becken, Gischt und Tau umfangen.

Durch Tropfenprismen werden Sonnenstrahlen
zu Regenbogen, die ein Schleier säumt.
Zu Diamantensplitterstaub zermahlen

entzünden sie ein blitzendes Geflimmer.
Wenn man im Miteinander sich entspricht,
dann sprühen Farbenspiel und Glitzerschimmer.

Halina Nitropisch
Der Bau

„Ich grenz noch an ein Wort ..."
Ingeborg Bachmann

als seine Mauer fällt
wundoffen ist das Haus
Fenster klaffen und Türen
Flure laufen hinaus

Wind pfeift aus den Löchern
Sterne gaffen durchs Dach
die Sonne sticht aufs Lager
– ein Niemand erwacht

Stufen führen ins Blaue
Geländer stürzen ins Meer
ich grenze ohne Mauer
an niemanden mehr

Philipp Selzer
Einfahrt in einen Bahnhof

Schweigen verwirft sich wortzüchtig.

Fast ist mir, als stürzten sich Gesichter
aus dem regennassen Fell des Tages.

Die stummen Winde hinter Glas
tropfen schwanger in meinen Blick.

Wir filmen
irgendwo unter den Gleisen

einen Muskel Herz.

Jürgen Flenker
An eine sterbliche Geliebte

Noch trällert's in den Lüften, Vögeln gleich.
(Ob's Vögel sind, lässt sich nur schwer ergründen).
Der Himmel ist an Abdeckfarben reich,

kein blaues Band umstrickt mehr unsre Sünden.
Und doch wie schwerer Wein, so jung, so alt,
so süß und herb, bereit, in mir zu münden

bist Du, und frostig heiß und glühend kalt
bin ich, um mich jetzt ganz an dir zu messen,
und einer in des anderen Gewalt,

bereiten wir uns ein gefundnes Fressen.
Und während noch ein Biss den andren gab,
berührt uns schon von Ferne ein Vergessen,

als grabe sich der Sommer schon ein Grab.
Und in den Lüften wird es langsam still.
Doch noch gräbt man uns nicht das Wasser ab,
das ich Dir als Champagner reichen will.

Lino Wirag
Anti-Licht-Gedicht

Nächtig-dämmrig dichtes Nicht-Licht,
Das ein Schwarzloch in die Sicht sticht,
Dunkel-düstre Schummerstunde,
Tintenschwarze Schemenrunde.

Dreilicht, Zwielicht, Einslicht, Keinslicht,
Schwärze ist eine Gesteinsschicht,
Kohlpechzappenrabendunkel,
Koptisch finstres Mankelmunkel.

Mitternächtens, lichtlos-lauernd,
Schattenschläger, formlos-kauernd,
Friedhofsgänger, haltlos-schauernd,
Rottenregen, endlos-dauernd.

Gräber, Grüfte, Leichensteine,
Mausoleen, Steingebeine,
Urnen, Kreuze, Totenmale,
Ehrenstätten, Funerale,

Ziehen schwer durch mein Gemüt,
Wenn mein Aug' die Dinge sieht,
Die mein Ofenrohr verschmutzen:
Ich sollte doch mal wieder putzen.

Elisabeth Kuhs
Dichters Wehen

Der Dichter dichtet ein Gedicht.
Er weiß: Ein ZYKLUS wird es nicht,

kein YAJU, YASHT und auch kein YA
(er steht nicht auf Exotika).

Ihn inspirieren seine Genien
(anders als Goethe) nicht zu XENIEN.

Ein WANDERLIED? Das ginge. Nur –
Er hat's auch nicht so mit Natur.

Nur eines scheint ihm unausweichlich:
Es werden VERSE, und zwar reichlich.

TENZONE? TANKA? TRIOLETT?
TORNADA? TROSTGEDICHT? TERZETT?

Soll eine STANZE er versuchen?
(Man hört ihn unmanierlich fluchen.)

Dann revidiert er flugs das Ganze
und widmet sich jetzt der ROMANZE.

Obwohl – es wäre doch auch nett,
gelänge ihm ein QUODLIBET.

Ein Kopf wie er, ja, ein Bohème,
schreibt doch mit links so ein POEM!

Dann wieder lockt ihn sehr die ODE –
die allerdings nicht mehr in Mode,

so wie auch nur ein Spezialist
noch weiß, was eine NÄNIE ist!

Die MORITAT verwirft er schnell,
weil gleichfalls nicht mehr aktuell.

Und KLAPPHORNVERSE? Launig-schlicht?
„Zwei Knaben ..." – weiter kommt er nicht.

Der Dichter hat eine Blockade.
Laut hört man seine JEREMIADE:

„Wo ist die Zeit, als für mein Lieb
ich täglich zwei IDYLLEN schrieb?

Wo sind sie hin, die goldnen Jahre,
als HYMNEN bei mir Massenware?

Wo ich in jedem Idiome
im Handumdrehn verfasste GNOME?

Ach, Pegasus will nicht mehr springen,
FLICKVERSE woll'n mir nur gelingen!

Bald glückt mir auch, ich spür's schon lang,
nicht einmal mehr ein ENJAMBEMENT!"

Da hat die Muse ein Erbarmen
und schickt ein DISTICHON dem Armen

und noch ein paar, dass er behände
jetzt die BALLADE bring zu Ende.

Der Dichter jubelt, strahlt und spricht:
„Voilà – ein ABC-GEDICHT!"

Angelika Maihofer
Am Morgen waren die Wiesen blau

Am Morgen waren die Wiesen blau,
Die Bäume lila gerändert,
Es flogen Wolken giftiggrün,
In eine Drohung verändert.

Es fiel ein Regen tintenschwarz,
Die Häuser wankten wie Bäume,
Die Menschen bewegten sich durchs Bild
So wie Gespenster durch Träume.

Da hab ich mich wieder hingelegt
Und die Tabletten gesteigert,
Auch als ein Engel vom Himmel fiel,
Mich seinen Rufen verweigert.

Erst als es aus meinem Inneren schrie
Mit einer kläglichen Stimme,
Da wachte ich auf und merkte es,
Dass ich am Abgrund schwimme.

Jonathan Voges
Spaziergang mit Meer und mir

Du gehst durch Wälder und durch Auen,
Gehst durch Wiesen längs zur See,
Weißt, dass du gehst, doch nicht wohin,
Denn so will es das Klischee.

Du bist ich und Ich ist lyrisch,
Und du wirfst es selbst ins Meer.
Die See, in ihrem Schlaf gestört,
Spuckt es aus als Klumpen Teer.

Daniel Blümel

Intermission

Am dem Rande der menschlichen Kosmoserkundung passieren 90 Sekunden vollkommene
Ein einzelner in der Schwebe, was bleibt ihm denn viel mehr als Schweigen und Atmen?
Der Zeitlupe verfallene, rund geschliffene Gasriesen in violettem Staub und Nebel.
Zwei verletzte Sonnen glühen hoffnungsvoll in der so raumlosen Ferne.
Es gibt hier keine Jahreszeiten mehr, nur lieblose Tagnacht.
Entstehungskraft ist zu einem Flüstern verkommen.
Hat Gott mich in die Unendlichkeit geküsst?
Das rettende Schiff liegt in Scherben.
Kein Offizier über Rauschefunk.
Nur mehr geruchlos hier.
Ist ein Sterben nötig?
Leben möglich?
Das Nichts ist.
Nichts ist.
Seele?
Herr.
All.
INTERMISSION
Er.
Fall.
Unfall?
Sicherheit.
Mondaufgang.
So schwere Glieder.
Vermauerte Atemwege.
Ein Gefühl von Bewegung.
Wer überwacht diese Schwerkraft?
Ein ungewolltes Streben zu den Planeten.
Die Hitze der Atmosphäre wird dich aufnehmen.
Mensch, wo verbergen sich deine unermesslichen Kräfte?
Erdenwohl ist ohne Substanz hinter den fernen Himmelspforten
Der Glanz von tausend Sternen, rasiermesserscharf und doch so süß.
Versuch über Größe, Kraft des Versagens; alles eins in der kosmischen Bahn.
Verstecke dich, oh Schmerz, denn längst schon habe ich deine Unwürdigkeit erkannt!
Und da fällt er; brennend in ungebremster Fahrt, hinab nach Utopia, hinab in dieses Arkad

Am Rande der menschlichen Kosmoserkundung passieren 90 Sekunden vollkommene
Ein einzelner in der Schwebe, was bleibt ihm denn viel mehr als Schweigen und Atmen?
Der Zeitlupe verfallene, rund geschliffene Gasriesen in violettem Staub und Nebel.
Zwei verletzte Sonnen glühen hoffnungsvoll in der so raumlosen Ferne.
Es gibt hier keine Jahreszeiten mehr, nur lieblose Tagnacht.
Entstehungskraft ist zu einem Flüstern verkommen.
Hat Gott mich in die Unendlichkeit geküsst?
Das rettende Schiff liegt in Scherben.
Kein Offizier über Rauschefunk.
Nur mehr geräuschlos hier.
Ist ein Sterben nötig?
Leben möglich?
Das Nichts ist.
Nichts ist.
Seele?
Herr.
ALL.
INTERMISSION
Er.
Fall.
Unfall?
Sicherheit.
Mondaufgang.
So schwere Glieder.
Vermauerte Atemwege.
Ein Gefühl von Bewegung.
Wer überwacht diese Schwerkraft?
Ein ungewolltes Streben zu den Planeten.
Die Hitze der Atmosphäre wird dich aufnehmen.
Mensch, wo verbergen sich deine unermesslichen Kräfte?
Erdenwohl ist ohne Substanz hinter den fernen Himmelspforten
Der Glanz von tausend Sternen, rasiermesserscharf und doch so süß.
Versuch über Größe, Kraft des Versagens; alles eins in der kosmischen Bahn.
Verstecke dich, oh Schmerz, denn längst habe ich deine Unwürdigkeit erkannt!
Und da fällt er; brennend in ungebremster Fahrt, hinab nach Utopia, hinab in dieses Arka[d

Heino Suess
Der Tage Schau

Moos auf der Augenweide
Dolomitische Zähne mit Lücke
Laubgeruch aus der Hose

Haare flache Dezemberwiese
Blickst noch steinwurfweit
Sauer öchselt der Weinbach

Horizontlos über die Stirn
Fischbleich die Kieselknie
Wo öfter Ohrmuscheln lauschen

Der Waden hangendes Fichtengrün
Stelzt auf dürren Wurzelfüßen
Was trübe dort sprosst ist lustlos

Im Pilzgefieder nistet ein Vogel
Nackt und fünfstrahlig seine Krallen
In der borkig trockenen Rindenzunge

Liegt dort Mondweiß auf dem Kienapfel?
Die Zuversicht aller Erblindeten:
So schlecht sieht's für dich gar nicht aus …

Lothar Nabbefeld
Freundin

Zärtliche Vogelspur im weißen Schnee
hingehüpftes Lebensspiel
Du machst Mut
Fährtin des Wortes
Botschaft
einer bedrohten
pochenden Winzigkeit

Da plötzlich
das rosa Licht
dieser Abendstunde zerrinnt
Schatten wachsen
Gespenster
die Deine Wortspur davontragen
Dein Wort

An einen blauen Stein reiben
will ich es
in Schnee tauchen
an den Horizont heften
wieder anzünden
Dein Wort
zusammensetzen
zu Deinem Augenblick

Manfred Schumacher
Weg

Einfach weg, für immer fort,
Ikarus' zerschmetterte Gestalt
im Sand, der, durch die Lebensuhr geronnen,
vom Wind bewegt in alle Winkel flieht.
Die Häuser ziehen Luft durch ihre Löcher,
die Straßen dampfen nass im Märzenlicht,
der letzte Schnee des Winters will den Atem eisen,
der Himmel zaghaft bläut den Grund,
Hortensien recken sich ihm lind entgegen,
der Vögel Nahrung letzter Same in die Rinnen weht.

Das Wachs der Flügel wund, die Wehr gebrochen,
zwölf Bataillone neugebor'ner Kehlen
zollen dem Kreisen neuen Lebens unbedingt Tribut.
Nur du bist fort, für immer fort,
während Meisen schwärmend in die Lüfte schwingen,
seh ich den letzten Schnee als blutend Leichentuch.
Das Rot des Blutes dämpft die Augenröte,
der Acker ruft, hinein, hinein
und kreisend nimmt ihn auf die schwang're Erde,
Sein hat ein Ende, Werden keimt durch brauner Knospen feuchte Glut.

Die Luft in milder Wärme schwillt,
ein Rauschen wie von Schwingen trägt den Ton,
ein Rufen wie von ferne aus dem Äther schallt,
ich seh' dich morgen, ja, ich komme schon.
Die Flügel angelegt und in die Bläue stoßend, den Meisen und den Schwalben nach,
den Sommer noch im Rausch der schweren Blüte lebend.

Ein Abschied flugs, wenn rote Sonnenstrahlen tanzen,
wenn Morgentau dich weckt und Nebelschleier ihre Netze ziehen,
wenn Regenbogen lichter werden und Eulen in den Flaum sich plustern,
wird auch der Gesang des Sommers stumm.
Dann zeigen dürre Finger auf den Weg nach unten,
hinab, hinab der Acker ruft
und wieder bricht die Erde kreisend ihren Ton,
wenn Flocken leise über dunklen Wäldern tanzen.

Hiltrud Erning
Traumfall

Du hattest mir glühenden Schnee geschenkt,
den wollt' ich am Abend singend mir wiegen,
in flammenden Flocken dann himmelwärts fliegen,
wie Liebende stets noch den Himmel bedrängt,
wie Liebende stets sich mit Sternen verbünden,
das Mondlicht sich an ihr Verlangen hängt
und wie es dann wächst und sich ausdehnt und drängt
und aufsteigen will, der Erde entschwinden.

Der Schnee fiel zu Asche, am Nachmittag schon.
Mit ihm fiel mein Traum aus der Ewigkeit,
die ich meine Heimat zu sein schon meinte,
doch die ich nicht einen Moment lang bewohnt ...

Es hielt mich die Schwerkraft, es band mich die Zeit
und ich stand und vernahm, dass ich weinte.

Frank Schulz
Herbst in alten Zeiten

Von all den Sommerfesten
Bleibt Raureif nur und Rost
Der Wind jagt nach Südwesten
Der Bauer nippt am Most

Es riecht nach Laub und Leder
Nach Torf und nach Kompost
Eine Fasanenfeder
Verkündet Abendfrost

Der Greisin frier'n die Glieder
Der Ofen wird beschickt
Das Kind summt Kinderlieder
Der Hund ist eingenickt

So herrscht' in früh'rer Zeit
Der Herbst, der herbe Mann
Mit Ungemütlichkeit
Heut macht man ganz spontan

Ja, schlicht und doch urban
Heizung und Fernsehn an

Siegfried Engelsiepen
Murphys Gesetz oder ...

Warum nur fällt das Butterbrot
stets auf die Marmeladenseite?
Mit der Erklärung hat man Not,
doch holt man die Physik ins Boot,
sucht vage Mystik schnell das Weite.

Der Grund ist einfach zu verstehn:
Das Brot fällt einen Meter tief
und hat nur Zeit, das kann man sehn,
sich einmal kurz herumzudrehn,
schon ist es wie zuvor passiv.

Nun hält das Volk nichts von Physik,
doch viel von Murphys Grundgesetzen,
und hat es diese erst im Blick,
dann braucht man keinen Zaubertrick,
Naturgesetze zu verletzen.

An Murphys oberstes Gesetz
glaubt jeder in Amerika.
Auch Europäer, so im Netz,
beteiligen sich am Geschwätz
und schwören, es sei wahr – haha.

Ich aber setz auf Wissenschaft,
bin bisher gut damit gefahren.
Selbst Murphys Grundgesetz hat Kraft
und ist für vieles beispielhaft,
ein Kunstgriff hilft, es zu bewahren.

Seziert man wie ein Anatom,
dann bleibt doch nur der eine Schluss,
„Das Murphy" ist schlicht autonom
und nicht Gesetz, vielmehr Axiom,
das nicht bewiesen werden muss.

Tessa Müller
Bahnfahrt

Die Sonne sticht Löcher in die Bäume
Der Himmel lacht pastell
Und was grün ist
wird in Streifen geschnitten

Durch Vorzimmerwälder
über eingemeindete Gewässer
durch gelbgekachelte Landschaften
vorbei an begradigtem Kleinvieh:

Auf den Wiesen lachen die Kühe
und die Wiesen sind gesund
Vor lauter Glück also
Verspannungen ausgedacht

Und wie ein Lied im Ohr:
der ergonomische Druck
der importierte Brezenverkäufer
die schöne bunte Bonuswelt

Silke Bauer
zimt.küsse

dein herz ist entlaufen,
wie ein räudiger hund auf der suche
nach einer laterne ohne wärter,
einer mülltonne beim schnellimbiss
oder einer läufigen pudelmischung.

es gibt schlimmeres, als an küsse zu denken.
küsse, die nicht nach zimt schmecken,
um nur eins zu nennen.
küsse, die nach minzschokolade schmecken.
oder jene,
die nicht nebeltaumelnd machen,
sondern nur sehend. tagelang.
unsichtbares ticken einer uhr,
die das herz ersetzt.
es gibt schlimmeres, als an küsse zu denken.

ein sich verlaufendes herz,
ein herzschrittmacher aus worten,
ein holzherz,
und niemand, der es entfacht.

vielleicht auch einfach nur ein
mischlingsköter sein,
bei strömendem regen
in einer nacht von montag auf dienstag,
wenn selbst die straßenbahn nicht mehr fährt.

Elsa Freese
Nachtstrahlen

Der Mond ist ausgegangen
er hat seine Sichel
mitgenommen
um Sonnenstrahlen
zu schneiden
für die Liebenden
und Trostlosen
in der Früh

Daniel Breuer
geld und ich

hätte eine ansicht, einen sitzplatz
reserviert für den fall, die vorstadt meines lebens
frankierte keine rücksendungen mehr.

an den gezackten landschaften vorbei der blick
ins fenster; das portrait eines menschen, den man sonst
– obgleich nicht kennt – vergessen könnte.

namen auf der zunge, keine briefmarken dafür.
wo worte fehlen, löst sich manchmal die vergangenheit
und rückumschläge kosten.

Vera Feyerherd
Im Altenheim

Erstarrte Zeit
vor unseren Fenstern –
Eisblumen trüben den Blick.
Winterdämmerung
zwischen Vergehen
und stummem Vergessen.
Krähen stochern
mit spitzen Schnäbeln
im Schnee. Hungrig
fliegen sie auf:
Schwarzverhangen gleitet
ein Wagen vorbei,
Trauerflor flattert im Wind
und Hundegebell
weht aus der Ferne vorüber ...
Wir aber stehen
müde am Fenster,
betrachten die Spuren
im Schnee ...

Noch galt die Fuhre
nicht uns,
drum sitzen wir
mühsam am Tisch
und löffeln
die wärmende Suppe
erschrocken in uns hinein.

Michael Hüttenberger

Der Krokus – Sprachbetrachtungen beim Frühlingsspaziergang

Es blühte ein Krokus auf sonniger Wiese.
Ich fragte mich, wie es im Plural wohl hieße,
und schaute erwartungsfroh kurz in die Runde.
Ich hoffte auf Auskunft, korrekt und profunde.

„Der Plural von Krokus heißt ganz bestimmt Kroki",
sprach einer, gebildet, „von Locus und Loci.
Vielleicht wird aus ‚us' auch am Ende ein ‚u:s'?
Die U-Deklinierung, dann heißt es ‚Kroku:s'!"

Ein andrer bestand permanent auf: „Krokunten.
Wie Atlas, Atlanten, nur u, deshalb -unten!"
Doch, Widerspruch. Jemand erklärte: „Krokeen.
Das ist wie beim Kaktus, die Mehrzahl Kakteen."

Wenn sie, so als Frau, etwas beitragen müsse,
dann wär ihr am liebsten: „Wie Kuss – die Kroküsse."
Der Nächste, genervt, meinte praktisch: „Krokusse".
Er fahre als Busfahrer ausnahmslos Busse.

Dann ging es um Kroken, wie Venus und Venen.
„Wir sind pluralistisch!", vernahm ich von jenen
vergeblich Befragten. Umsonst mein Bemühen.
Nun muss wohl der Krokus im Singular blühen.

Monika Kaufmann

requiem

heut ward die hoffnung zu grabe getragen
sie war zu schwach
am grab, da stehen bangen und zagen
und blicken ihr nach
längst hat der mut
das weite gesucht
und glaube und zuversicht
sah man auch lange nicht
allein das bedauern kann sich nicht trennen
und reicht eine hand
der verzweiflung, im schwarzen gewand
und der kummer weint bittere tränen
die sorgen laufen im kreis und wissen nicht weiter
nur das ich-habs-doch-gewusst scheint halbwegs heiter
war ihm die dahingeschiedene doch stets ein dorn im auge
hatte ihm nie geglaubt, dass sie nicht tauge
in dieser welt
voller gier nach geld
auch die resignation spürt keinerlei trauer
längst schon lag sie auf der lauer
bis das blatt sich wende
und die hoffnung kläglich ende

David-Frederik Sluiter

Blutmond

Voller Mond schaut auf die Erde
Taucht die Welt in weißes Licht
Unten schläft die Menschenherde
Stört des Mondes Bahnen nicht

Plötzlich, dort, ein leiser Schatten
Schiebt sich frech ins Mondgesicht
Macht aus hellem Lichtschein matten
Was ein böser Schattenwicht!

Dunkler wird die runde Scheibe
Früher weiß, ist sie jetzt rot
So als brenne sie am Leibe
Ich erwarte ihren Tod

Bald wird ihre Macht vergehen
Schwinden dann für alle Zeit
Nur das Dunkel bleibt bestehen
Kälte. Ängste. Einsamkeit.

Seltsam nur, das Licht scheint weiter
Wenn auch schwächer hier herab
Bleibt der Finsternis Begleiter
Fällt nicht in ein dunkles Grab.

Ächzt und ringt im Todeskampfe
Mit dem Gegner, lange Zeit
Windet sich in starrem Krampfe
Mond hängt dort in stillem Leid

Und, oh Wunder ohnegleichen
Irgendwann in später Nacht
Muss der rote Schatten weichen
Mondes Werk ist jetzt vollbracht

Und das helle Licht scheint wieder
Taucht die Welt in weißes Licht
Manche Menschen singen Lieder
Es strahlt Mondes Angesicht

(zur Mondfinsternis am 3. März 2007)

Thorsten Funke
im kopf auch

man hat es nicht leicht
hat man nicht
muss sehen

die fetten immer
sowieso
ah jo

die armen, die schweine
die unten, die oben
die eben

früher. jaja
heute. heute
genau

im krieg, im zimmer
in scheidung, im leben
in eben

die huhu die dings
die schmidt derder
derwer?

von da von dings
mit der über da
aha

die haare die hose
die hemden die bluse
eben

und dann noch so
achwas? – ah jo
– da sei halt froh

blutdruckrücken
fünfzehnzehn
enkelgelenke
willstesehn?

da
tschüss
eben

André Röhner
orpheus

das ist sein höchster seltsamster gedanke
dass er es ist der dieses wunder schafft
dass er bei ihr ist hinter dieser schranke
er wusste vorher nichts von seiner kraft

er weiß das ist der größte seiner schritte
der ihm beinah sein menschsein unterbricht
so steigt er kühn vor ihrer stillen mitte
nur hört er ihre leisen schritte nicht

und sie weiß seine kühnheit wird bald enden
sie kennt von damals seinen bangen blick
der zitternd sich nicht hält ... sich wendet
so bleibt sie stehn und stirbt und schweigt zurück

Elisabeth Wehrum
Ruderalvegetation

Schotter zwischen den Geleisen,
brauner Rost und grauer Stein,
und dazwischen grün und silbern
schleicht sich erstes Leben ein.

Hier ein Büschel lila Unkraut,
dort schon gelber Löwenzahn,
Quecken, Nesseln, Heckenrosen
fangen ganz von vorne an.

Immer wieder ausgerissen,
abgemäht und abgesengt,
werden Pflanzen hier zu Helden:
Harren zäh, wenn auch bedrängt.

Und im Herbst, der Himmel leuchtet
neblig-weiß und sonnig-blau.
Weite Strecken wilder Pflanzen,
Goldruten glitzern im Morgentau.

Gerda Wilß
Vom Stand der Dinge

Man muss sich vor der
Sonne verstecken
manchmal auch vor den Menschen
die Flügel des Geistes sind
rußgeschwärzt
der Himmel verschlossen
die Erde verseucht
unschön die Künste
zum Jahrmarktsrummel
verkommen
so mancher dünkt sich
ihr Herr zu sein
wer lehrt mich frei aufzubrechen
wohin ich will
wer ermutigt mich kein
Knecht zu sein
wer deutet mir künftig
die Zeit
nur der Träumer
oben im Turm
kein Stürmen
nur Dämmern im Land
und immer noch Herrschaft

In Gedenken an Hölderlin

Simon Baar

Abgesang

Ein alter Mann am Wegesrand,
unbeachtet, unerkannt,
resigniertes Lebensglück,
Gedanken aus dem Augen-Blick:

Millionenfache Einsamkeiten,
die kollektiv die Zeit beschreiten,
ein Lebensrest im Zwischennetz,
ein fassungsloses Grundgesetz,
zur letzten Tugend seiner Zeit
wird suggerierte Menschlichkeit.
Noch einen tiefen Atemzug
vom moderierten Selbstbetrug,
verdorrende Gedankenfülle,
als Selbstzweck: Überlebenswille,
ein halbzensierter Abgesang,
ein Wort – ein Blick – ein Traum – und dann?

Ein alter Mann am Lebensrand,
unerwünscht und leergebrannt,
er wagt noch einen letzten Blick –
und kehrt nie mehr hierher zurück.

Manfred Back
Aus der Hüfte, aus dem Sinn

Wie denn, was denn – Ich? Bekennen??
Jetzt, in süßer Junijauche ...
Du willst, dass ich in mich tauche,
und ich soll d e n   S t a n d p u n k t nennen – ?

Nagel auf den Kopf getroffen, dieses auf-den-Punkt:
Doch wenn ich zur Sonstwasfrage
mich am Kopf kratz, gar nichts sage – – –
dann, weil Alltag sinnlos funkt.

Sachverhalte/zwänge/lagen –
tausend Reize für e i n Hirn.
Ungelöste Menschheitsfragen
nageln Eichen vor die Stirn.

Hundert Hühner auf der Stange,
Ei an Ei füllt das Gelände.
Hühnchen fragt ein andres bange:
W a s   m a c h s t   d u   a m   W o c h e n e n d e ?

So ist Leben, eins aus vielen,
und immer wieder Reizschwadronen;
da soll ich aus der Hüfte zielen
und schießen mit Momentpatronen??

Dein klares Reden, auch nur Masche,
dem Standpunkt soll der Eindruck weichen.
Ich gönn dir deine Plaudertasche – – –
l a s s   m i r   m e i n   R e c h t   a u f   F r a g e z e i c h e n .

Hanna Kolberg
Hinter dem Mond

Hinter dem Mond
Sind keine Kirchen im Dorf
Das Frühjahr kommt bald
Der Winter vielleicht nie
Lauere Winde wehen
Der Sommer ist wärmer
Des einen Leid ist des anderen
Des einen Freud auch des anderen
Sternschnuppen fallen dem Himmel zu
Und andere Sonnen scheinen
Hinter dem Mond

Ralph Kluge
Alana schläft

Pssst, Alana schläft!

Ach, sieh nur, wie sie liegt und ruht,
es scheint, als tät' der Schlaf ihr gut.
Die Augen zu, der Mund so weich,
die Haare glänzend, elfengleich.

Und schau nur, dieser Hals, das Kinn,
gegossen, wie aus edlem Zinn.
Die Schultern, wohlgeformt und rund.
Ach, könnt' ich küssen ihren Mund.

Pssst, Alana schläft!

Alanas Finger schmal und schlank,
mit rosa Näglein blitzeblank.
Die Hände auf dem Bauch gefaltet,
sie scheint aus Porzellan gestaltet.

Ach, sieh nur, diese feinen Zehen,
als könnt' man damit gar nicht gehen.
Die Füße zart und noch so klein,
so winzig können Füße sein.

Pssst, Alana schläft!

Alanas Haut, so weiß wie Kreide
und transparent, sie glänzt wie Seide.
Es frieret mich bis in das Mark,
gleich kommt der Deckel auf den Sarg.

Caroll Meier-Liehl
am hafen

am hafen steht eine frau und winkt
seit drei tagen schon steht die frau
und winkt am hafen
das schiff ist längst fort aber der hafen
noch da
und die frau
winkt
unter ihren füßen der hafen
wankt wie ein schiff
ein schiff das
noch da ist während der hafen
längst fort mit dem
dem sie winkt die frau
an dem hafen der wankt
wie ein schiff dem schiff
das ein hafen war
als es noch da war

Ursula Lüthe
Foto

Landschaft schwarzweiß
etwas gelblich schon
gezackter Rand

vor kaltem Himmel
von Baum zu Baum gespannt
posieren wir
oder die
die wir einmal waren

und fast
sieh es dir an
könnten wir Schwestern sein

könnten sie
die dort stehen
steif
stöckelbeschuht
unter Schminke und Ponyfransen
verfroren lächelnd
Schwestern sein

sich ähnlich
in puppenhafter Weise

an diesem Tag
beschlossen sie
auszubrechen
aufzubrechen
endlich und für immer
unvernünftig zu sein

weißt du noch
um jeden Preis

unter Brücken schlafen
von der Luft leben
oder wer weiß wovon

unsere Worte
nähern sich ihnen
schönfärberisch

als wüssten wir noch
wer sie waren

obwohl sich ihre Spur
in den vielen Rollen
die wir seit jenem Wintertag
bereitwillig spielten
schon lange verlor

noch einmal
schielen wir begehrlich
nach der Unvernunft

morgen
übermorgen
wer weiß

Margarita Adam
Vorfrühling

Am Abend war die Erde trocken noch und rau,
mit braunen Blättern übersät und bleichen Halmen.
Doch kaum, dass über Nacht ein milder Regen geht,
erhebt sich über all dem tristen Braun und Grau
ein weiches, warmes Qualmen.
Die Erde atmet, lebt, in jedem Krümchen.
Und jedes Krümchen birgt die Kraft für Farbe und Gestalt.
Der weiße Krokus sonnt sich stolz
im blauen Blick der Leberblümchen
und sucht in filigranen Blätterhänden gelber Winterlinge Halt.
Wie leicht und lautlos tilgt die Erde ihre Räude,
ihr wächst ein grünes Fell aus ewig treuem Gras:
bedingungsloser Reichtum nicht nur mir allein zur Freude,
auch erste Schmetterlinge haben ihren Spaß.

Inge Sähn
Holunderhaus

In weißer
Strenge
Duft
ungezählter
Sternchen
blühst du
über und
über
doldenweis
umgrünend
birgst du das
Leben wie
einst für mich
die Kleine
damals
Holunderhaus

Maja Roedenbeck
Melancholie eines Kindes

Was hast du, bist du traurig, fragte sie das Kind,
weil es regnet, da draußen, wo doch jetzt Ferien sind?
Es nickte nicht, es schluckte nicht, es starrte an die Wand,
weil es keinen anderen, keinen stärkeren Gegner fand.

Du kannst es mir sagen, hast dich noch nie so benommen!
Sie drängte es, zerrte an ihm, spürte die Ungeduld kommen.
Doch das Kind blieb stumm, ließ nur die Augäpfel gehen
auf der Tapete umher, um hinter die Maserung zu sehen.

Was soll das, schrie sie, riss ihm sein Stofftier aus dem Schoß,
ich will dir doch helfen, aber ich muss jetzt wirklich los!
Dann stampfte sie auf, aus ihren Augen flogen Tränen,
das Kind hob den Blick und musste erst mal gähnen.

Mama, sprach es leise, weißt du, die Welt?
Weißt du, was mir am besten daran gefällt?
Dass so viele runde Dinge darin sind:
die Tropfen, die Perlen, die Münzen und der Wind.

Lioba Happel
sommer

als du mir sagtest du seist eben
hinuntergegangen

das hemd noch über der hose offen
den gürtel herab seist du hinuntergegangen

durch die vom schlafenden pförtner bewachte
drehtür seist du hinaus

in noch immer klatschnassem hemd
seist du die fensterlöcher des

gegenüber liegenden hauses mit den augen
wie im traum an leitersprossen hinaufgeklettert

da sei dir der kopf nach hinten gekippt
und der mund sei dir offen gestanden

hoch oben sei dieses stück reinen blaus gewesen
und aus diesem stück reinen blaus

das wie dir deine mutter einmal gesagt habe
der himmel genannt werde

sei es hinabgeflossen in deinen geöffneten mund

da spürte auch ich plötzlich die wärme auf meiner haut
und dass ich ein dünnes hemd trug

und ich sagte ein wort das auch ich früher einmal gehört hatte

und es bildeten sich an deinen mundwinkeln zwei grübchen
und du erinnertest dich plötzlich an etwas

aber es ist schon so lange her

Elsa Romfeld

Lanzarote oder Vom Primat der Regression

Ich mag es, dass die Dinge mich nicht fragen,
sie schweigend meinem Sein entgegenstehn;
so ist „entgegen" hier schon falsch zu sagen,
vielmehr: ein Miteinander-in-die-Weite-Sehn.

Doch stets drängt das Belebte sich dazwischen,
in fremden Sprachen redet es mich an,
um mir in hundert Zungen zuzuzischen,
dass ich mich seinem Zugriff nicht entziehen kann.

Drum flieh ich, wenn es irgend geht, in Felder
aus Lava-Stein – nur dort finde ich Ruh
(selbst noch die Stille tiefer Buchenwälder
flüstert mir ungebeten ihr Geheimnis zu).

Dort lieg ich dumpf auf dunklen, warmen Bänken
aus starrer Schlacke, atme hörbar auf,
lass Frieden mir vom Unbelebten schenken
und nehme dann versöhnt das Leben neu in Kauf.

Walter Neumann
Osterspaziergang

Schreib ich heute wie ein Kind:
Draußen weht der Osterwind.
Ist der Wind auch noch so kalt,
Wir gehn in den Osterwald
Zu der Bäume Windgebraus
Aus dem gut geheizten Haus.
Sagst du: Es ist viel zu kalt!
Sag ich: Warm ist's bald im Wald,
Wo am Weg Herlitzchen stehn,
Schön und blühend anzusehn.
Quer vor uns ein Wagen steht.
Warum? Niemand das versteht.
Und der Wagen ist ganz leer.
Wo kommt nur der Wagen her?
Hasen suchst du hier vergeblich.
Hasen sind ganz unerheblich
In der motorvollen Zeit.
Niemals war es so wie heut,
Wo es fast vor Kälte schneit!
Also gehn wir lieber raus
Aus dem Walde und nach Haus.
Du willst einen andern Reim?
Gut! Dann gehn wir eben HEIM!

Josef Herzog
das arme würstchen

ein würstchen fand sich viel zu klein
und wollt' doch gerne größer sein
drum streckte es sich hoch empor
bis es der brühe schutz verlor

sein köpfchen über allem schwebte
was mit ihm noch im glase lebte
dem würstchen war dies nicht genug
der ehrgeiz es noch höher trug

bis an des deckels unterkante
die es ganz selig „himmel" nannte
nun schwebte es im höchsten sein
und fand die andern würstchen klein

am nächsten tag zur mittagszeit
da wurd' der himmel hoch und weit
man fasste es beim pellenschopf
und gab es in den heißen topf

ganz plötzlich wurd' ihm angst und bang
es fühlte in sich einen zwang
sein innerstes der welt zu zeigen
ja, manche würstchen sind da eigen

ein knall, ein riss, es platzte auf
so nahm das schicksal seinen lauf
man warf es stumm dem hunde vor
worauf es stolz – und sein verlor

soviel soll noch verraten sein
das arme würstchen war vom schwein

Hans-Georg Schreck
Schweinehund

Etwas, was tief in Dir steckt,
etwas, was Dich selbst erschreckt –
möchte an das Tageslicht,
spuck ihn aus, noch will er nicht.

Etwas, was wir alle lieben,
etwas vor sich herzuschieben,
spring heraus aus Deinem Loch,
noch sträubt er sich, bald muss er doch.

Etwas, was der Wahrheit schadet,
hechelt er in Schweiß gebadet.
Endlich springt er aus dem Grund:
Komm heraus, Du Schweinehund.

Matthias Senkel
Schwarzfahrt

An satten Eitelkeiten gleiten wir entlang
als du nach Preisgeldern fragst
nach all meinen so sorgsam abgezählten
Atemzügen, die ich wie Bernstein
sortierte, polierte, die ich absichtsschwer
umbrach. Du sagst:

An Wort und Reim mangelt es dir nicht
an Tiefe jedoch, an Gefühl für die Blicke
die unser Abteil durchschneiden, Knochen
uneingelöste Versprechen, Duft und Brief-
fetzen freilegen. Ins Leere verweisende
Gedanken habe ich selbst zur Genüge.

Hans Jürgen Heimrich
Jahresringe

Raureifkristalle glitzern
in rissigen Furchen
verödeter Äcker
vergänglicher Glanz

letztes Licht
am Saum dunkler Wälder
umhüllt vom Nebel
schliert davon

Jahresringe im Windbruchholz
Ästen und Wurzeln beraubt
von Fäulnis zerfressen
tragen Klagen
krächzender Häher
über die Zeit

Daniel-Pascal Zorn
eissplitter

was kein licht
ob golden schimmernd oder bläulich kalt
in seinem schein könnte fassen

was kein hauch, der käme
aus einer tiefe voller liebe
könnte erwärmen

das ist festgeschmiedet
in meiner brust
und schlägt so dumpf
gegen sein grab
es will hinaus

und könnte ich scheinen
und eisblumen mit meinem atem malen
ich würd's nicht auf mich verschwenden

Ursula Heidbüchel
Nichtheimischwerdung

Die Schritte den Feldweg entlang
lenken
Mit den Schuhen im Gras
versinken
Im Gras
Ich laufe
Höre am Himmel
Die Wildgänse
Am Himmel
In die Dämmerung fliegen
Die Eins bilden
Immer neu
Die Wildgänse
rufen
Wie in jedem Winter
Damals zu Hause
Es fühlt sich an
Wie in jedem Winter
Hier ähnlich
Genauso nie

Hans Lankes
Abschied

Die Stille
in seinen müden Augen
verdrängt
allmählich deren Glanz.
Liegt da
lautlos wartend,
erinnert sich
vielleicht
an seinen letzten Tanz.
Manchmal,
wenn er mich wortlos ansieht,
lese ich darin,
lass mich gehen,
und reagiere,
als würde ich nicht verstehen.

Carsten Berg
Saudade

Vor dem Fenster weht
ein letztes Blatt gelb im Wind
im Herzen wir drei

Petra-Marlene Gölz
Auslaufprodukt

Ich weiß nicht
ob sie sich fürchtet
wenn wir die Hände halten
und falten
und das Laken dieses Lebenslagers
glatt streichen
alle Stunde mal
weil wir den zerbrechlichen Körper umlagern
ich weiß nicht
ob sie die Stunde kennt
in der er kommt
mir wird er vorkommen wie ein Dieb
der alles Liebgewonnene trennt
wie Leib vom Leben
wir fürchten uns nicht

in scheinbare Endlosschleifen wickeln wir
Erinnerungsgeschenke
in kleinen Stückchen:
Kindergesichter, Strandurlaube, Hefekuchen
Pflaumenmus, Kriegsnächte, Lieblingskleider
Krokodillederschuhe (unechte – haucht sie)
er kommt wirklich wie ein Dieb
aber diesen Moment findet er nicht

das Laken scheint nun unbeschwert
aller Mühseligkeiten beraubt

einen Moment noch
haucht sie.

Karin Heinrich
Meiner Großmutter gewidmet

Du warst mir herzensgut an allen Tagen,
du hattest keine Zeit, doch nahmst sie dir,
als Kind bewegten mich so viele Fragen
und keine Antwort bliebst du schuldig mir.

Du flicktest unsere zerrissnen Sachen
und wuschst den Schlamm von ausgebeulten Schuh'n.
Ich sah dich ständig eine Arbeit machen,
du hattest wirklich pausenlos zu tun.

Kein Mensch verspürte Not in schlechten Zeiten,
der je an deinem Tisch gesessen hat.
Aus Wenigem schufst du die Köstlichkeiten,
sie machten täglich zwölf Personen satt.

Den schweren Alltag hast du leicht bezwungen,
die Vielzahl deiner Pflichten stählte dich.
Ich hör die Lieder, die du einst gesungen,
dein Lächeln barg den Sonnenschein in sich.

Für zig Probleme warst du Lösungsfinder.
Du legtest nie die Hände in den Schoß.
Sogar die Enkelkinder deiner Kinder,
sie wurden noch mit deiner Hilfe groß.

Um uns hinaus ins Leben zu begleiten,
kamst du um manches Opfer nicht herum.
Du stelltest dich den größten Widrigkeiten.
Vom harten Schinden war dein Rücken krumm.

Die beste Freundin warst du mir geworden,
du gabst stets alles und du gabst dich ganz.
Verliehen hat dir niemand einen Orden
und nie bekamst du einen Ehrenkranz.

Als Leitfigur in meinen Kindheitsjahren
trug jedes deiner Worte sein Gewicht.
Ich liebte dich mit deinen weißen Haaren
und mit den tiefen Falten im Gesicht.

Du warst es, die nie klagte oder schwankte,
so kräftig auch der Sturm des Lebens blies.
Ich weiß nicht, ob ich dir gebührend dankte,
bevor du müde diese Welt verließt.

Du hast mir meine Wege ausgemessen
und lehrtest mich den Lauf im Gegenwind.
Was auch geschieht, ich werde nie vergessen,
woher ich kam, wo meine Wurzeln sind.

Astrid Jannedy
Das Mädchen am Fenster

Der Zug – er hat die große Brücke schon passiert,
Rollt langsam über Weichen-Wirrwarr auf den Bahnhof zu.
Das Ziel des Zuges, der da rollt, ist anvisiert.
Bald wird er halten und das Räderwerk kommt sacht zur Ruh'.

Gleich neben den Geleisen stehen alte Häuser düster schwarz.
Und hundert Fenster glotzen leeren Blicks herab.
Aus einem Fenster aber schaut ganz scheu
Ein Mädchen, dem man nie ein eignes Spielzeug gab.

Es schaut den Zügen nach, es schaut auf die Geleise,
Die Töne schwellen, klingen wieder ab.
Was da geschieht, hat immer gleiche Weise,
Als wenn es niemals etwas andres gab.

So mancher steht an seinem Fenster lebenslang
Und sieht die Züge all vorüberziehn.
Er steigt nicht ein in einen Zug, ist bang.
Er ging kein einz'ges Mal zum nahen Bahnhof hin.

Er steht nur da, er schaut. Und seine Chancen
Und alle Möglichkeit fährt fort, ganz weit.
Die Räder rollen über all die vielen Weichen.
Das Mädchen dort am Fenster trug ein schwarzes Kleid.

Brigitte Wobbe
Aus eigener Kraft

Knorrige Äste, vom Winde gebeugt,
trockene Halme, wie altes Haar,
haben vom letzten Winter gezeugt,
können es schwören, ja, er war da.

Doch ganz im Geheimen, das Auge sieht's nicht,
sammeln sie Kraft, bereiten sich vor,
warten geduldig auf immer mehr Licht,
strecken sich aus und brechen hervor.

Millionen von Blüten in Farben und Duft,
sprengen die Hüllen aus samtigem Flaum,
hör doch, es liegt ein Geräusch in der Luft,
die Erde erwacht aus dem Wintertraum.

Endloses Sehnen und zaghaftes Hoffen,
lähmende Tage schleichen sich fort,
sämtliche Wege sind wieder offen,
ich wär' nirgends jetzt lieber als an diesem Ort.

Und wenn eines Tages die leuchtenden Sterne,
Planeten und Sonne sich ohne mich dreh'n,
dann würd' ich zum Abschied unglaublich gerne
dies Schauspiel als letztes noch einmal seh'n.

Dann wüsst' ich, sie haben's erneut geschafft,
ihre Schönheit zu zeigen und alles zu geben,
und sie brauchten dazu nur ihre eigene Kraft,
gewonnen aus tausend gelebten Leben.

Helga Brune
Sommer

Heller, lichter Sommertraum –
Schatten unter hohem Baum,
Farben, Töne, Sonnenlicht,
schwebend leicht, nichts hat Gewicht.
Eintauchen in zarten Duft,
seidenweiche Sommerluft,
träumen mit hellwachen Sinnen,
Stunden, die so mild verrinnen.
Leben, Fülle, Heiterkeit,
sinnenfrohe Sommerzeit.

Michael Haupt
Gefühlte Tiefe

Ja, die tiefsten der Gefühle
– Um gleich damit zu beginnen –
Sind ein wirkliches Gewühle:
Was ist außen, was ist innen,
Was ist Kern und was ist Schale,
Wo ein Anfang, wo das Ende?
Und du rennst mit einem Male
Gegen butterweiche Wände

Die du gern geöffnet wüsstest,
Denn das clair-obscur im Raume
Schickt die Lippen, die du küsstest,
Hin zum allerfernsten Traume.
Und wo ist die Hand, die eben
Mit der deinen war verwoben?
Doch in deiner Brust das Beben
Will das Epizentrum loben.

Und du stehst ganz fest erschüttert
Vor den watteweichen Wänden,
Deine Seele zagt und zittert
Und will doch so gern verschwenden,
Was dir auf der Lippe lastet,
Die gern redet, lieber küsste,
Und dein Herz, es hastet, hastet,
Zu ereilen, was es misste.

Ach, die Wände! Ach, das Wühlen!
Hör den Geist im Geiste heulen:
Grad wenn wir am tiefsten fühlen,
Schmerzen uns der Seele Beulen.

Inge Rosemann
Dichter Pink im Mondlicht

Staunend still und ohne Regung
schaut mit innerer Bewegung
und gespanntem Oberleibe
Pink durch eine Fensterscheibe,
weithin einen lautlos sachten
Vollmondaufgang zu betrachten.
Leichter fühlt er sein Gewicht
mit erhobenem Gesicht,

so, als ob er von der Erde
sanft emporgezogen werde,
wie auf Flügeln sich erhebend
dem Gestirn entgegenschwebend,
um geschwellt von Poesie
selig über alle die
scherenschnittig schnörkeligen
Kleinstadtgiebel hinzufliegen,

über zauberdunkle Wälder
und die mondenmilden Felder,
bis er späht schon transzendent
aus gewölbtem Firmament,
während die Gestalt noch ganz
überrieselt von dem Glanz
silberschimmernder Kaskaden
unerschöpft aus Lunas Gnaden

als begeisterter Poet
funkelnd in der Stube steht.
Solche hohe Existenz
führt der Pink in Permanenz,
insofern, dass, wenn er dichtet
und den Blick nach oben richtet,
ihm Erleuchtung überreich
zufällt sternenthalergleich.

Anneli Starzinger
Langeweile

Langeweile tropft an mir herunter,
bildet eine zähflüssige Pfütze
zu meinen Füßen.

Ich tauche den großen Zeh
in die lauwarme Trägheit
und rühre.

Kreise wabern ans Ufer,
rollen müde aus und ersterben
auf dem Asphalt.

Der Pfützenspiegel wirft verzerrt
eine graue Grimasse
zu mir zurück.

Ich erschrecke und beschließe,
geschlossenen Auges
unverzüglich zu trocknen.

Christa Maria Beisswenger
Stille

Stille! Du bist fortgegangen.
Lautes hat Dich längst verdrängt.

Dauerlärm hält uns gefangen,
der die ganze Welt durchtränkt.

Stille Stunde – reinstes Glück.
Manchmal kehrst Du nachts zurück.
Gegen Morgen eilst Du fort.
Doch wohin, an welchen Ort?

Schon verlange ich nach mehr.
Stille! Oh, wie schön das wär.

Wilhelm Hasse
Flohmarkt

Auf der Gedenktafel
Dürers Betende Hände
für den Gefreiten Johann W.
Herunterfeilschen wäre Degradierung.
Bei alten Hüten lässt
der Trödler mit sich reden.

Spinnrad neben Fahrrad.
Der Sarotti-Mohr philosophiert
vor Nietzsche in Nappaleder.
Ein invalider Spazierstock
geht rüstig weg, die Märklinbahn
erst mit Verspätung.
Zwischen Schlümpfen die Frage
auf vergilbter BRAVO:
Wann heiratet Barbie?
Ein präpariertes Eichhörnchen,
festgebissen an ewiger Nuss.
Aus gusseisernem Tiegel steigt
ein geflügeltes Wort.

Vom Sänger Joseph Schmidt
ist der Schelllack noch nicht ab.
Straßenschilder in Frakturschrift
führen zu Erotikheften
(auf Anfrage) unterm Tisch.
Im Blick des Trödlers reinste Wollust

Margrit Weber
auf dem weg zum hafen

kleine kinder spielen:
neongelb und pink
hinterm zaun aus maschendraht.
im supermarkt
kaufen die mütter auf pump:
dosenbier aus dänemark, robbenfett und
blumen (diese künstlich)
grauer hund mit weher pfote
pisst an die fischfabrik –
möwenkriege toben.
eisberge seufzen
weiß und blau
und
stehen kopf

mein
boot
hat
verspätung

Katja Kulin
übersehbar

in einem wohnhaus
dritter stock
stürzte eines abends
der alte herr s.
die frau nebenan
hörte sein rufen
nicht
der mann darunter
nicht
sein klopfen

so starb er also
und
maden wimmeln nun
im vergessenen fleisch
frucht des letzten besuchs
der durch das fenster kam
durch die tür
kam ja schon längst
niemand
mehr

Evelyn Wahlers
KrakeKrebs

Arzt abhängiger Abgrund,
Krebs krächzend, kratzend
ausführlich an allem,
seinem Selbst. Selbst
Freunde folgen fern.
Nicht nur nachts,
Tumor Tentakel tastend
im Inneren, immer
faulig, fein feixend
wuchern, wachsen, wahnsinnig
groß, geifernd, gierig
zehren, zielen zu
dem Denken. Durst
nach Nähe, neue
Einsamkeit. Einzeln einer
allein, ausgeliefert aller
Gnade Gottes. Gebet,
tänzelnder Toten Tanz.
Stumm sterbend. Schmerzend
voller Vergangenheit. Vor
allem Angst, auch
was werden wird,
wenn
Du
weg
bist.

Annette Suttkus
Brache

Trotzig halten Disteln
staubige, stachelbewehrte
Blätter ins Licht.
Verzweifelt winden Quecken
schwache wassersuchende
Wurzeln um Steine.
Wütend brennen Nesseln
jeden, der sich nähert.

Graue Häuser ducken sich
entlang enger Straßen.
Zerborstene Reklameschilder
verkünden vergangene Hoffnungen.
Trübe Fenster werfen mein Bild
nicht zurück.

Was wächst aus totem Land?

Manfred Witt
Lichtblick

Eisigblauer Wintermorgen
lichtet zarten Nebelhauch,
sonnenstrahlbedrängte Sorgen
schwinden bald wie Schall und Rauch.

Reifbedeckte Felderflächen
tauen zaghaft glitzernd auf,
geben leise ein Versprechen:
Frühling nimmt nun seinen Lauf.

Frostgeplagte Menschenglieder
freuen sich an hellem Schein,
lassen Licht und Wärme wieder
zögernd in ihr Herz hinein.

Bettina Haubold
feierabend

glotze glotze fernsehabend
stulle pulle langeweile
lächeln krise nachrichten
ein familiendrama schlichten

trailer tatort bierchen schnappen
RTL programme zappen
quizshow talkshow hitparade
familiendrama keine gnade

gucken schlucken zappen raten
sendeschluss erwarten
matt und satt ein letzter blick
auch das programm von morgen: chick